Emina Čabaravdić-Kamber

Das Buchstabenspiel

Poetisches Intermezzo

Verlag Expeditionen
Verlag Das Bosnische Wort

Bibliografische Information der Deutschen Nationalbibliothek:
Die Deutsche Nationalbibliothek verzeichnet diese Publikation in der Deutschen Nationalbibliografie; detaillierte bibliografische Daten sind im Internet über http://dnb.dnb.de abrufbar.

Emina Čabaravdić-Kamber

Das Buchstabenspiel
Poetisches Intermezzo

Titelfoto: Emina Čabaravdić-Kamber,
Acryl auf Leinwand

ISBN 978-3-947911-41-7

„Schaue auf den Himmel – Dunkelheit
die alles verschluckt, nur nicht sich selbst“

ZWEI HÄLFTEN

Die Erde besteht aus zwei Hälften
Eine aus Tag
Eine aus Nacht

In der Verschleierten
Einst wurdest du Dreizehn
Deine Eltern sangen dir das Lied
– Der Schleier wird dich frommen
Du wirst zur Ruhe kommen –

Auf einem Flüchtlingsschiff
Nahmst du deinen Schleier ab
Warfst ihn ins bedrohende Meer

Unter den Unverschleierten angespült
Winkten deine schwarzen Locken

Dein lebloser Körper am Strand
Aus zwei Hälften
Weit von Syrien entfernt ...

DER STILLSTAND

Wir leben ein Leben
Das jetzige
Wissen ziemlich gut
Wie es ausgehen wird
Zeigen mehr Mut
Als für den Tod
Schreiben heute
Was morgen Geschichte wird
Stärken zukünftigen Generationen
Die Rücken
Ihre Rechte zu suchen
Um sie zu finden

Kein Stillstand erleben
Er wäre mit dem Tod
Zu vergleichen
Es gäbe nichts mehr zu sagen
Nichts mehr zu schreiben

Die Zukunftsträume
Leben auch in den Anderen

Die Welt – ein Zwiespalt
In dem wir leben
Ist zugleich ein Vulkan
Der ständig in der Position

Eines Ausbruchs
Aus seinem Bauch Lava spuckt
Ein Anlass
An einem neuen Leben zu schreiben
Ohne Stillstand
Unausgesprochenes aussprechen

BOSNIEN 1998

Der Himmel samtblau
Meine Freude passte sich
seinen Farben an

Auf der Fahrt wieder nach Hause
Nach neun Jahren des Krieges
Ohne Angst
Fühlte mich wie eine Schwalbe
Wollte lieber fliegen

Über die Berge und Dächer
Mein Zuhause wieder erreichen

Für einen Augenblick vergaß ich
Den Krieg
Und all' das was dort geschah

Je näher ich über neuaufgestellte Grenzen
Richtung Bosnien kam
Desto düsterer und unheimlicher wurde es

Aus den Ruinen ragten Blumen
Die Fensterlöcher wirkten
Wie Hautkrebsflecken eines
Vom Tod gezeichneten Körpers

Ein Phoenix aus der Asche
Hätte nicht nur den Eindruck
Der Himmel über diesem zerstörten
Teil der Erde sei schön

Für mich am schönsten

Kurz vorm Ankommen
Erahne ich nicht
Warum mich ein Gefühl der Unruhe
Überkam

Der Blick blieb versteinert
Da wusste ich
Warum

DEZEMBER IN BOSNIEN

Im Lehmofen zittert schwaches Feuer
Ein Zeichen
Dass die Glut
Langsam zur Asche wird

Die Tiefe der Nacht schleicht sich ins Zimmer
Ein Stück Holz entflammt
Beim Licht
Dass sich aus dem Ofen
In purpurfarbigen Silhouetten
Auf der Zimmerdecke abzeichnet
Ich liege mit offenen Augen
Betrachtend das Spiel der Farben

Es ist Dezember

Draußen wiegen sich Schneeflocken
Im Wind
Straßenlaternen tanzen berauschend
Werfen ihr schwaches Licht
Auf Neuschnee bedeckte Straßen

Die kahlen Pappeln
Verkleiden sich in Weiß
Wie in einem Märchen

Es ist Dezember

Auf der vereisten Fensterscheibe
Kratze ich mit meiner linken Hand
Ein Herz ein

AM BOSNA FLUSS

Geglaubt
An Traum und Gewitter
An zwei Hälften
Verliebt in die Nacht
An die Zeit
Wo Süd und Nord
Sich die Mühe gaben
In derselben Frucht
Zu reifen und zu zittern

Am Bosna Fluss
Träumend
Alle Feiertage
Verschlafen
Donner und Blitz

Einst
Am Bosna Fluss

WEITE WELT

Einst
Auf den Flügeln des durstigen Pegasus
Vor der Morgendämmerung
In die weite Welt hinaus geflogen
Zum groben Staub fremder Sterne
Zum Nebel hinter den teuren Träumen

Im Westen angekommen
Am Trost geknabbert

Winzig klein wie eine Handfläche
In dieser weiten Welt

AUF DER SUCHE

Vögel schaukeln
In den hohen Wipfeln der Zypressen
Ein Bora Wind reißt alles mit sich
Die Dachziegeln fliegen von den Häusern
Zerschmettern auf dem Gehweg

Donner und Blitze
Ergreifen den mediterranen Himmel
Heftiger Regen kommt auf

In kurzer Zeit danach
Verdunstet die Mittagszeit

Meine kleinen Wünsche
Riechen verführerisch
Zwischen den Weinbergen von Pelješac

Du schliefst unter einem Brückenbogen
An der Alster

Zwei Welten auf einer Drehscheibe

Auf dem weiten Weg
Den Felsen entlang
Steigen Zypressen dem Himmel empor
Ich rieche ihren herben Duft
Dich zwischen den Zweigen
Nach dem Regen suchend

Juniblätter und Glocken ziehen die Sonne an
Eine Flaschenpost schippert

DIE ROSE

Im Garten mediterraner Düfte
Offenbart sich eine Rose

–In meiner ständigen Bewegung
In der Kraft meines Seins
Aufrecht zu stehen
Beuge mich vor Dir
Als stünde ich vor einer Königin

In der Beugung die Gabe
Mein kostbarer Duft
Meine weichen Blüten
Die
Wie die Schmetterlinge in der Luft fliegen
Bis du sie empfängst

Meine Dornen halte ich am Körper fest
Als einen Schutz meiner selbst

Ich beuge mich vor dir
Als stünde ich vor einer Königin–

ZUKUNFT

Ein Finsternis türmt sich auf
Wir folgen der Zukunft
Die es in Fülle gibt

Sie führt uns zur Quelle
Treibt uns wieder bis zum Ufer
Wo wir die ausgestreckte Hand
Der Rettung
Vor unseren Augen nicht sehen
Werden

DAS GESCHENK

Schenk mir bitte heute Blumen
Es kann passieren
Dass du den nächsten Tag verschläfst

Oh
Rieche ich den Rosenduft im Raum
Ist Wahrheit im Spiel

Das Herz pocht träumt vom Rosenbukett
Hinter deinem Rücken versteckt

–Ja
Es könnte passieren
Dass ich den nächsten Tag verschlafe–

SAG‘ ES

Die Geheimnisse werden fern bleiben
Die schmerzhaften
Wenn du liebst sei nicht egoistisch
Sag‘ es
Um deine Liebste nicht zu verlieren

Schweig‘ nicht
Wenn du sie liebst
Sei bereit zu riskieren
Um sie nicht zu verlieren

Sag‘ es

DAS MÄDCHEN

Ein Mädchen mit großen dunklen Augen
Hat noch nicht seine warmen Lagunen aufgegeben
Seine kreisenden Aquarien

Dieses Mädchen das keine Angst
Vom Schatten eines Adlers in der Sonne –
Von der Stimme einer Eule im Buchenbaum
kennt

Tag und Nacht trägt es Nebel
Auf seinem Rücken
Die Last von damals
Singt immer noch ihr Kinderlied
Und träumt von ruhigen Wiesen

In seiner Pupille gedeihen die Weinreben

Hinter dem Horizont
Verdunstet die bittere Zeit
Es schaut auf die Wolken
Wie sie unruhig wachsen
Träumt
Dass die Kinder nirgendwo mehr Kriege erleben
Singt mit halber Stimme
Das Kinderlied:

Kommt zurück in das Nest

Ich kenne dieses Mädchen
Das den Nebel von seinen schwachen Schultern
Nach und nach abschüttelt

Höre ihr Lied

SIE IST GEGANGEN

Die vom Wind treibenden Schneeflocken
Fallen leise auf die Erde
Um sie
Nicht aus ihrem ewigen
Schlaf zu wecken

Sie ist gegangen ...

DAS RECHT

Einmal werde ich an die Türschwelle
Zurückkommen
Zwischen den ersten Wörtern
Die mit der Zeit verloren ...

Zurückkehren werde ich
Zu meinem ersten Gefühl
Eingraviert in die Pupillen ...
In die Ecke einer Blumenwiese
Wo immer noch die ersten Schritte
Von weit entfernt
Zu hören sind ...

Recht auf Vogelgesang
Werde ich haben
Auf das Lied dass sich selten
An mein Ohr anlehnt
Geschrieben in der Zeit
Meiner verlorenen Jahre ...

VERGANGEN IST ...

Aus Erfahrung wissen wir
Um die Hoffnungslosigkeit
Des Vergangenen
Und
Trotzdem treten wir
Von Angesicht zu Angesicht auf

Ich überlege logisch kühl

Brauchen wir diese
Innere Unruhe

Warum ergreift sie uns
So
Wo wir doch wissen
Dass
Alles vergangen ist

FREMDE TRÄUME

Von ungeschlafenen Nächten
Bis zu zitternder Morgendämmerung
Fließt der größte Teil meiner Poesie

So weile ich in fremden Träumen
Steige bis zur ersten Stufe ihres Lebens
Hinunter
Ohne den Tod
Den gegenwärtigen herauszufordern
In jedem Augenblick
In jedem liebenden Akt

DER TOD

Die Tage verbrennen
Die Erinnerung erlischt
Nach und nach

Du kommst an die Türschwelle
Trittst leise herein

Ein dicker Nebel umhüllt die Räume

Ich träume ...

DIE NACHT

Was wissen schon Worte
Über ein Leben
Das alles verliert
Was es findet

Der Mensch braucht
Einen Raum
Nach Maß des Herzens
Statt künstliches Leben

Wünscht sich zu lieben
Das
Was er liebt

HÖRE IHRE STIMME

Sie möchte das Dach
Über deinen müden Augen sein
Wenn Ruhelosigkeit über deinem Kopf
Schwebt
Sternen Flammen geben
Während Mond dein Firmament
Umkreist

In ihrer Pupille sollst du schlafen
Im Schlaf beobachten
Wie sich die Sonne verjüngt

In einer Blüte verwandelnd
Größer als dein Leid
Möchte sie sich
In deinem Körper einnisten

Wahrhaftig ist der Pfad einer Dichterin
Sie bittet dich
Überschlafe deinen Zweifel
In der Sehnsucht in ihrer Pupille

UNTER DEN SCHWESTERN

Ein Busch in der Abenddämmerung
Schien sehr düster

Die blassen Laternen in der Nähe
Ließen hier und da einiges erkennen
Als würde sich zwischen den Buschzweigen
Etwas bewegen

Ich stand vor dem Haus
Auf den Vollmond wartend

Aus dem Schein einer Laterne
Trat meine ältere Schwester
Arm in Arm mit ihrem Liebsten heraus

Sei ihr gegönnt
Dachte ich

Ich bin erst Vierzehn

SARAJEVO IM WINTER

Ich betrachte von der *Gavrilo Princip Brücke* aus
Die schneebedeckten Berge rundherum
Über Sarajevo
Von noch nie gesehener Bläue.

Unvergänglich schön dachte ich
Konnte den Blick nicht vom
Blau des Firmaments lösen.

Wie viele Epochen haben hier
Ein Zuhause gesucht
In einer Stadt
Über die sich das Firmament mit
Goldenen Pfeilen füllt
Kirchen mit dem glänzenden Kreuz
Recken
In der
Die aus weißem Stein erbauten Minarette
Soeben strahlen

Ein Friedenszweifel überkommt mich
Lässt sich schwer aus dem Kopf verbannen
Aus dem nahegelegen Café
Erklingt Sevdah Musik

Der Zweifel löst sich auf

DIE NACHT VOLLER GEHEIMNISSE

Meine Vorfahren hatten eigene Regeln
Unter anderen:
Dass man auf den Reisen oft rasten soll
Wie einst in der Zeit der Handelskarawane

Nie in einem Ort ankommen
Ohne dort zu übernachten

Der Tag macht müde
Und die Nacht ist voller Geheimnisse

Beim Anbruch des neuen Tages
Singen nicht nur die Vögel ...
Meinten meine Vorfahren

DER BLICK

Dem Blick einer Frau
Konnte er nicht standhalten

An so etwas war er nicht gewöhnt

Mit solchen Augen
Muss die Welt ganz anders aussehen
Dachte er

Eines schönen Morgens wachte er auf
Und sah plötzlich vor sich
Die Welt mit zwei Sonnen

Eine wie wir sie kennen
Und eine andere
In Tausende und Abertausende
Stücke zersplittert
Die wie Perlen auf einer Frauenstirn
Verteilt waren

Seine zweite Sonne

RÜCKKEHR

Zurückkehren
Werden wir zur unsere Türschwelle
Um die Worte wieder zu empfangen
Die in fremder Zeit verloren

Zurückkehren
Zu unserem ersten Gefühl
In die Ecke einer Blumenwiese
Wo wir die ersten Schritte übten
Zu dem ersten Lachen das immer noch
In unseren Ohren zu hören ist

Zurückkehren
Um das Kinderlied zusammen zu singen
Einst das Schlaflied

DIE SCHÖNHEIT

Die Schönheit verliert nicht
An Charme
Ist nicht vergänglich ...
Mit der Zeit schleicht sie sich unter
Die Haut
Befreit sich des äußeren Scheins ...

Übergehend in den Geist des Menschen
Hinterlässt sie ihre ewigen Spuren

Die Schönheit ist unerschöpflich
Vom Rauch zur Flamme
Der Flamme zur Glut
Von der Glut zur Asche
Der Asche zur Wiedergeburt

Vom Leben zum Leben
Die Schönheit reift
Im Geist des Menschen ...

SIE

Ihr Gang leicht
Gleicht einer Feder
Verliert sie unter den Schmetterlingen
Im Bauch

Den Erdboden nicht berührend
Schwebt sie in Gedanken
Der Liebe entgegen

Plötzlich
Steht sie vor einer Entscheidung –
In welche Richtung

Teilt mit dem Himmel das Feuer
In dem sie verbrennt

DIE TRAUER

Die Nacht blau

Wie eine Kerze
Kämpfst du gegen den Wind

Niemand weiß
Von einer Trauer
Die jedes Körperglied verbrennt

Die Trauer

IHRE AUGEN

Auf seinem Lebenspfad
Gab es Tage voller Sonne
Und Nächte voller Mondschein

Es gab auch etwas anderes
Tage voller Frauenaugen
Solange seine Lebensreise andauerte

Auf der Endstation ausgestiegen
Kommt ihm entgegen
Ein einziger Vertrauensblick

Ihre Augen ...

DER WASSERKRUG

Reich' mir bitte kühles Wasser
Aus dem Krug
Deine Hände sollen nicht zittern

Lächle mich bitte unbefangen an
Deine Augen sollen in Bewegung sein
Wie dein Kopf

Lass mich leicht ganz leicht
Wie die Luft schweben

Lass mich nicht allein

Lächle
Damit der Finsternis mich nicht umfängt

DIE BALKANESINNEN

Manchmal erscheint die Welt
Plötzlich strahlend
Wie in einem Licht von Tränen
Der Balkanesinnen
Gebadet

Oft verweilen die Männerblicke
In diesen Frauenaugen
Voller Geheimnisse

Ob sie jemals davor
Das Licht in Tränen der Liebe
Kannten ...

DIE KLIPPE[1]

Jeder Mensch ist eine Klippe
Macht einen schwindelig
Nach unten zu sehen

Im Osten geht die Sonne auf
Der Nebel verdunstet langsam
Unter den ersten Sonnenstrahlen
Kein Schatten zu sehen

Du schaust von der gegenüberliegenden Klippe
In meine Richtung

Zu weit entfernt ist dein Atem
Ich kann dein Herz nicht hören
Ein Sprung zur gleichen Zeit
Sich kurz an den Händen zu halten
Bevor wir den Boden erreichen
Wäre die Liebe

[1] *Rumi über die Liebe:*
„Ja, lasse sie leben oder tötet sie.
Lasse sie nicht verletzt."

DER MENSCH[2]

Du stirbst und stehst wieder auf
Aus der Asche der Liebe
Unversehens

Bist wieder auf der Suche
Nach dir selbst
Im Vergessen und im Erinnern

Wer bist du

Der hinfällt
Und wieder aufsteht
Der aufhört
Und wieder beginnt

Im Herzen deiner Seele
Liegt das Versteckte
Das Verbindliche

Der Mensch ...

[2] *Rumi:*
„Erlaubt ihr nicht, dass euch meine Schönheit verwirrt.
Das Licht im Gesicht kommt aus der Erleuchtung
meiner Seele"

EIFERSUCHT TUT WEH

Lass‘ dich von ihr nicht verwirren
Lass‘ sie nicht unaufhaltsam
In dein Herz fließen

Mit ihrer zerstörerischen Kraft
Wird sie deine noch bestehenden Gefühle
Angreifen
Und die langjährige Beziehung auch

Lass‘ nicht die emotionale Gewalt
An dich heran
Lass’ nicht ...

AUF DEN VERLASSENEN BAHNSTEIGEN

Ah die verlassenen Bahnsteige
Manchmal fand ich dort meine Ruhe
Fühlte mich zu ihnen besonders hingezogen

Auf den verlassenen Bahnsteigen
Kann sich Mensch einem Menschen
Nähern
Sich mit ihm auf den Schienen kreuzen

Einst tat ich es an einem Herbsttag
An dem ich mich am Feuer verbrannte
Dem Begegnungsort
Einer unglücklichen Liebe

Ihre Schmerzdauer blieb kürzer
Als die Hälfte meiner Erfahrungen
Die zu Geschichten
Verlassener Bahnsteige wurden ...

DAS FLIEGEN

Manchmal wünscht sich der Mensch
Fliegen zu können
Obwohl er in Betracht zieht
Dass er abstürzen könnte

Er fragt sich
Warum an seinem Herzen Flügel sind
Wenn er nicht beabsichtigt
Sich vom Ort zu bewegen

Die Flügel wissen ganz genau
In welche Richtung
Und wem entgegen
Sie fliegen möchten

Zuerst werden sie kreisen und kreisen ...

Der Mensch denkt
Es sei nicht möglich fortzufliegen
Auch nicht zu bleiben

Der Zweifel kommt auf
In der Mitte
Seiner dunklen Gedanken

Er – der Mensch
An der Schwelle des Verlorenen

FORTGEHEN ODER BLEIBEN

Während ich die Pläne für mein Leben
Schmiede
Das Leben geschieht

Weiß nicht
Ob ich die Entfernung einplane
Dieses Unglück

Wenn ich bleibe
Wird meine Seele brennen

Wenn ich fortgehe
Mein Leben

EHRLICH SEIN

Wegen der Liebe sind wir bereit
Zu leben und zu sterben
Weil wir uns nicht gegen sie
Verteidigen können

Auch nicht
Gegen Schmerz Enttäuschung
Die sie uns bereitet

Der Wunsch wäre
Alles zu verstehen
Was am Tiefsten
Am Größten besteht –
Die Liebe

DAS LEBEN – EIN UNGEHEUER

Wird uns noch genug an Zeit bleiben
Den zweiten den dritten Frühling
Zu erleben
Den Duft von Rosen
Den Sturm vor dem Gewitter

Werden wir den Geruch feuchter Erde
Noch erleben
Den neugewachsenen Rasen
Und
Den Geschmack frischen Obstes

Werden wir daran erinnert
Welches Ungeheuer das Leben ist

Werden wir jemals erfahren
Welchen Wert das Leben hat

DER RICHTIGE

Auf der Suche nach dem Richtigen
Besuchte ich in Gedanken
Alle Planeten
Einen nach dem anderen
Plötzlich stand er vor mir
Ein sehr interessanter Suchender

Ich fragte ihn wie er heiße
Er antwortete
–Ich bin ich
Von einem anderen Planeten–

Angefangen ihn zu betrachten
Wollte ich gehen
Konnte nicht
Wollte mit ihm reden
Konnte nicht

Gab ihm nur ein Zeichen
Den Vollmond anzuschauen
Der sich in Weiß umhüllte
Und unter dem Schutz
Der Sterne blieb

In dem Augenblick
Verliebte ich mich in ihn
Und er sich in mich
SEHR

Verglich uns mit Mond und Erde
Die sich nicht berühren können
Auch nicht umarmen

Auf einem anderen Planeten

EIN MUSS

Wieder in Bosnien befrage ich mein Gefühl

Weiß nicht welchen Weg zu wählen
Beherrsche nicht den Pfad meines Schicksals

Die Erinnerung an meine Kindheit fesselt mich

Warum soll ich zurückgehen
Wo soll der Mensch zurückgehen
In welchen Ort

Ist die Rückkehr möglich
Oder zeigt uns das Schicksal
Nur den Weg nach vorn

Jetzt weiß ich
Die Rückkehr ist keine Möglichkeit
Sie ist ein Muss

MEINE ROSE

Blüht in einem Wort der Farben
In eigenem Duft

Ich versuche sie zu wecken
Wegen der Sonne

ES WIRD SO SEIN

Gekommen
Auf den Flügeln einer Möwe
Getrieben
Vom warmen Südwind
In die Liebesnacht
Des hohen Nordens

Ich höre die Stimme
Einer Meeresfee in mir

ISIDORA

Die Sonne wird scheinen
Und
Es wird donnern

FRÜHLING

Wieder ist Frühling in Sicht

Im Garten dessen Düfte
Der Erde unbekannt
Strecken sich bunte Steine aus

Unter dem aufgewühlten feuchten Haufen
Eine Fülle von verschiedenen Samen
Teilen sich die Räume auf

Wem zu eng wird
Der erstickt
bevor ihn die Sonne erreicht

BUCHSTABENSPIEL
(Buchmesse in Sarajevo 2018)

Aus verwitterten Keramikkrügen
Rieseln weiße Buchstaben
Aus dunkler Erde –
Der Kraft der Schöpfung –
Ausgegraben

Ein Nachlass unserer Vorfahren
In festgebildeter Buchstabenstruktur

Einst uns überlassen
Aus dem Alphabet zum
Literarischen Spiel
Aus dem Spiel zu
Den Geschichten
Einzelner Menschen
Zu kommen
Verbindungen
Zwischen Natur Mensch und Sprache
Zu schaffen –
Und die Elemente zu integrieren
Ihre Wahrnehmung
Symbolisch
Als Sinneserlebnis des Menschen
Zu erfassen
Die Zeit vergeht
Die Sprache bleibt
Die vor uns war und
Nach uns wird

Im Buchstabenspiel stecken Bilder
Aus verschiedenen Erdtönen
Die sich mal verlieren
Mal auf der Oberfläche zeigen
Als hätten sie
Einen Reinigungsprozess
Hinter sich
Sie glänzen – wirken wie neu
Warten darauf eingesetzt zu werden
Im Wort und Satz
In einer Fülle von Zeit und Raum
Sie greifen auf die Vorräte
Unserer gespeicherten Erlebnisse
Zurück
Liefern uns
Einfälle und Assoziationen
Führen unsere Gedanken
Zu jener individuellen Einsicht

WORTE

Die Worte werden helfen
Uns zu fragen
Warum wieder Frühling
Warum dort wo wir ihn nicht sehen
Wo wir ihn nicht leben
Noch nicht angekommen
Ist er wo heute unsere Herzen stehen
Im Vergessen wo einst die Sonne stand

Was wissen schon die Worte
Über einen Hauch des Frühlings
Der über die längsvergessene Wahrheit schweigt
Um den Zwängen des Wirklichen
Nicht zu verfallen

DER MAI

Am Horizont leuchtet der Mai
Der graue Alltag angebrochen
Widerwärtig

Vom Schicksal nicht beschenkt
Die Liebe – mir allein gehört
Muss die Sehnsucht verschließen

Deine Hand brauche ich
Die mich umgeht

Dann wirst du meine Sehnsucht
Zum Schweigen bringen

UMPFLANZEN

Auf der Suche nach Leben
Eingepflanzt
Hoffnungslos
Im falschen Topf

Zum Leiden verurteilt
Nicht blühen zu können

Auf der Suche nach Befreiung
Einen Blumengarten gefunden
Hoffnungsvoll
Umgepflanzt

DER LETZTE STERN

Ich suche in porösem Stein
In einer verwelkten Blume
Den letzten Stern
In vergessener Asche der Zeit
Wo die Winde wehen
Wo ich mich in Staub verwandle

Dort liegt
Der gesuchte Stern
Verborgen
Lauscht
In seinem leuchtenden Glanz
Der nicht täuscht

BOSNISCH

Die Zeit vergeht schreitet
Durch die Isolation
Unserer qualvollen Identität

Die Sprache kämpft um jedes Wort
Als hätte sie schon ausgedient
Im Vakuum Bosniens
Droht sie zu ersticken

In meiner schweren Brust
Gespeichert in einer Fülle
Die Sprache Bosniens

VERLUST DER SPRACHE BOSNIENS

Täglich erreichst du mich
Im lebhaften hohen Norden
Mit deinem stummen Requiem
Ungezählter sterbender Wörter

Auf einem Kreuzweg
Wirst du als brennendes Kreuz
Eingraviert im Lehmofen
Unserer täglichen Qual
Ewig bleiben

MALAYSIA

Sich dazugehörig fühlen
Wo
Das Schlechte keinen Boden findet
Und
Bosheit an sich selbst
Zugrunde geht

Sich dazugehörig fühlen
Wo
Menschenwürde als oberstes Gesetz gilt
Und
Mensch zu Mensch in Achtung
Vor einander lebt

Sich dazugehörig fühlen
Wo
Dem Kleid kein Glanz gegeben
Und
Dem Titel
Keine Geltung

Sich dazugehörig fühlen
Wo
Der schlichte Wille ist zu jedem gut zu sein
Und
Reiner Geist der Menschlichkeit
Zur Tat wird

Sich dazugehörig fühlen
Wo
Das Gesetz heißt Mensch zu sein
Und
Nichts anderes
Als Mensch zu sein

MARIONETTENMÄRCHEN

Es war einmal eine Marionette
Deren Herr ihr Leben
An Fäden entzogener Freiheit
Zwischen seinen Fingern fest hielt

Dieselben Finger
Besaßen eine dämonische Kraft
Gegen deren Steuerungen
Die Marionette sich
Nicht wehren konnte

Es war einmal eine Marionette
Deren Herr in der Lage war
Die Fäden manchmal loszubinden
Um ihr Augenblicke
Der Freiheit
Im Tausch für ebensolche
Der Sklaverei
Zu geben

UND

Es war einmal ein Herr
Der in die gegrabene Grube
Fiel
Marionetten Rettungsfäden suchte
Aber vergebens
Sie waren
LEIDER
Durch ihre Befreiung gerissen

Einen Knoten binden
NIE
Sich wieder an Sklaverei
Verlieren
NIE

Es war einmal ...

DIE HOFFNUNG

Die gefühlsarme Welt
Vermag es nicht
Uns wahrhaft zu lieben
Uns zu geben
Was wir von Anderen erwarten
Was wir an Gefühlen erhoffen

Doch die Hoffnung
Bleibt

DIE GEFAHR

In
Der Schönheit
Liegt
Die Gefahr

In
Der Hässlichkeit
Die Bewunderung
Wie
Schön man ist

DER PUNKT

Ein südliches Wesen
Von unerfüllter Sehnsucht
Nach der erhabenen Liebe
Wurde zum wesentlichen Teil
Meines Ich

Eine Kette des Schicksals
Oder nur ein seelisches Vergnügen

Wenn beim Abschied ein Punkt existiert
Dann muss ich ihn einsetzen
Nicht fragen
Warum wir um den Besitz einer Seele nicht
Kämpfen

Danach werde ich Begeisterung empfinden
Sein unruhiges Herz stillen
Ihn lange noch in
Schweigen erleben

Der freien Seele Schwung
Und Gott die Glut
Zurückgeben
Die von ihm gekommen
Ihm der einzig und allein
Die wahre Liebe gibt
Und sie wieder nimmt

DIE NEUE WELT

–Alles
Was in
Deiner Zukunft
Geschehen soll
Ist
Meinem Willen
Unterworfen–
Sagtest du
Gestern

–Schreitest
Der Freiheit
Der Selbstanerkennung
Entgegen
Bist auf neues Leben
Eingestellt–
Sagst du
Heute

Und
Umhüllst
Deine Tradition
Mit neuem
Gewand

WAHRE LIEBE

Geduld ist
Solange zu lieben
Bis man selbst
Geliebt wird

LIEBEN UM GELIEBT ZU WERDEN

Zwei große
Möglichkeiten
Haben
Wir
Menschen

Die eine ist
Zu lieben

Die andere
Geliebt zu werden

DAS WARTEN

Die Geduld des Wartens
Ist
Nichts anderes
Als
Das Warten der Geduld

DAS SCHWEIGEN

Schweigen ist Gold

Gewiss
Nur
Dort
Angebracht
Wo
Gold
Zu
Spüren ist

WEISSE LILIEN

Gestern
Hast
Du
Meinen
Blumenweg
Gepflegt
Und
Mein
Haar
Mit
Lilien
Geschmückt

Heute
Ziehst Du die Dornen
Aus meinen Wunden
Die
Mich auf dem Weg
Der dir bestimmt
verletzt haben

Ich liebe
Du lebst

RÜCKZAHLUNG

In meinem
Gestrigen
Heutigen
Zukünftigen
Leben
Warst bist wirst
Du
Der Mensch sein
Der
Von mir
In dem ersten wahrhaften Gefühl
Ein Darlehen
Von ungezählten Herzschlägen
Geraubt
Und die entsprechende
Ratenzahlung
Nach und nach
Bis
Zum letzten Atemzug
An mich
Zurückzuzahlen hat

Inhaltsverzeichnis

Zwei Hälften	7
Der Stillstand	8
Bosnien 1998	10
Dezember in Bosnien	12
Am Bosna Fluss	14
Weite Welt	15
Auf der Suche	16
Die Rose	18
Zukunft	19
Das Geschenk	20
Sag‘ es	21
Das Mädchen	22
Sie ist gegangen	24
Das Recht	25
Vergangen ist ...	26
Fremde Träume	27
Der Tod	28
Die Nacht	29
Höre ihre Stimme	30
Unter den Schwestern	31
Sarajevo im Winter	32
Die Nacht voller Geheimnisse	33
Der Blick	34
Rückkehr	35
Die Schönheit	36
Sie	37
Die Trauer	38
Ihre Augen	39
Der Wasserkrug	40
Die Balkanesinnen	41
Die Klippe	42

Der Mensch	43
Eifersucht tut weh	44
Auf den verlassenen Bahnsteigen	45
Das Fliegen	46
Fortgehen oder Bleiben	47
Ehrlich sein	48
Das Leben – Ein Ungeheuer	49
Der Richtige	50
Ein Muss	52
Meine Rose	53
Es wird so sein	54
Frühling	55
Buchstabenspiel	56
Worte	58
Der Mai	59
Umpflanzen	60
Der Letzte Stern	61
Bosnisch	62
Verlust der Sprache Bosniens	63
Malaysia	64
Marionettenmärchen	66
Die Hoffnung	68
Die Gefahr	69
Der Punkt	70
Die Neue Welt	71
Wahre Liebe	72
Lieben um geliebt zu werden	73
Das Warten	74
Das Schweigen	75
Weisse Lilien	76
Rückzahlung	77